글 **크리스티나 샤르마허-슈라이버**
크리스티나 샤르마허-슈라이버는 독일 뮌스터와 이탈리아 베르가모에서 독문학을 공부했습니다. 여러 신문에 글을 썼으며, 오랫동안 오페라하우스에서 일했습니다.
2016년부터 작가이자 번역가로 활동하면서 여러 권의 어린이 교양서를 썼습니다. 어린이를 깊이 고민하게 하는 다양한 주제를 다루는 것을 좋아합니다.

그림 **슈테파니 마리안**
슈테파니 마리안은 일러스트레이터이자 작가입니다. 독일 뮌스터 디자인 학교에서 일러스트레이션과 디자인을 공부하며 첫 책을 출간했습니다. 지금은 독일 브라운슈바이크 근처에 살면서 그림책과 여러 신문, 잡지에 그림을 그리고 있습니다.

옮김 **박종대**
박종대는 한국에서 독문학을 전공한 뒤 독일 쾰른에서 문학과 철학을 공부했습니다. 환경을 위해 어디까지 현실적인 욕망을 포기할 수 있는지, 어떻게 사는 게 진정 자신을 위한 길인지 고민하는 제대로 된 이기주의자가 되고자 합니다.
지금까지 《왜지? 끌려!》, 《스마트폰을 쓸 때도 물이 필요해!》, 《데미안》, 《수레바퀴 아래서》, 《청소년을 위한 환경 교과서》, 《미친 세상을 이해하는 척하는 방법》 들을 번역했습니다.

똑똑교양 4

1도가 올라가면 어떻게 될까? – 기후 변화의 모든 것

글 크리스티나 샤르마허-슈라이버 | 그림 슈테파니 마리안 | 옮김 박종대

초판 1쇄 발행 2022년 3월 20일 | 초판 7쇄 발행 2025년 3월 25일 | ISBN 979-11-5836-311-6, 979-11-5836-206-5(세트)

펴낸이 임선희 | 펴낸곳 ㈜책읽는곰 | 출판등록 제2017-000301호 | 주소 서울시 마포구 성지길 48
전화 02-332-2672~3 | 팩스 02-338-2672 | 홈페이지 www.bearbooks.co.kr | 전자우편 bear@bearbooks.co.kr
SNS Instagram@bearbooks_publishers | 편집 우지영, 우진영, 이다정, 최아라, 박혜진, 김다예, 윤주영, 도아라, 홍은채
디자인 디자인서가, 강효진, 김은지, 강연지, 윤금비 | 마케팅 정승호, 배현석, 김선아, 이서윤, 백경희, 김현정 | 경영관리 고성림, 이민종
저작권 민유리 | 협력업체 이피에스, 두성피앤엘, 월드페이퍼, 원방드라이보드, 해인문화사, 으뜸래핑, 문화유통북스

Wie viel wärmer ist 1 Grad? Was beim Klimawandel passiert
by Kristina Scharmacher-Schreiber/Stephanie Marian
ⓒ 2019 Beltz & Gelberg, in the publishing group Beltz- Weinheim Basel
Korean Translation Copyright ⓒ 2022 by Bear Books Inc.
All rights reserved.
The Korean language edition published by arrangement with Julius Beltz GmbH&Co. KG through MOMO Agency, Seoul.

이 책의 한국어판 저작권은 모모 에이전시를 통해 Julius Beltz GmbH&Co. KG 사와의 독점 계약으로 ㈜책읽는곰에 있습니다.
저작권법에 의해 한국 내에서 보호를 받는 저작물이므로 무단 전재와 무단 복제를 금합니다.

KC마크는 이 제품이 공통안전기준에 적합하였음을 의미합니다.
제조국 : 대한민국 | 사용 연령 : 3세 이상
책 모서리에 부딪히거나 종이에 베이지 않도록 주의해 주세요.

기후 변화의 모든 것

1도가 올라가면 어떻게 될까?

크리스티나 샤르마허-슈라이버 글
슈테파니 마리안 그림 | 박종대 옮김

지구가 점점 더워지고 있어.

그 어느 때보다 빨리 더워지고 있지. 지난 150년 동안 지구의 평균 온도는 1도쯤 올라갔어.

날이 참 따뜻하죠?

지구의 나이는 약 45억 살이야. 45억 년을 1년으로 치면 150년은 1초쯤 되지. 그러니까 지구의 눈으로 보면 150년은 무척 짧아. 우리가 눈 한 번 깜빡하는 시간밖에 안 돼.

기후와 날씨는 달라.

날씨는 자주 변해.

오늘은 해가 쨍쨍 나서
아이스크림이 먹고 싶다가,

내일은 비가 와서 물웅덩이에서
첨벙거릴 수도 있어.

모레는 폭풍이
몰아칠 수도 있지.

이렇게 하루하루 변하는 게 날씨야. 하지만 기후 변화는 쉽게
드러나지 않아. 한 지역에서 오랜 시간에 걸쳐 꾸준히 나타나는
날씨가 바로 기후거든.

어느 곳의 기후를 설명하려면 보통 30년은 걸려. 그래서 과학자들은 날마다 정보를 수집해. 특정 지역의 기온과 수온, 바람의 세기, 강수량을 측정하고 기록하는 거지. 그러다 어느 정도 시간이 지나면 그 지역의 기후가 대체로 따뜻한지 추운지 습한지 건조한지 알 수 있어.

지구에 사람과 동식물이 살 수 있는 것은 태양 덕분이야.

생명체에게는 공기와 물, 영양소, 빛과 열이 필요한데, 지구와 태양은 이 조건이 갖춰지기 딱 알맞게 떨어져 있어. 태양과 너무 가까우면 뜨거운 열에 타 버릴 테고, 너무 멀면 추워서 무엇도 살지 못할 거야.

지구는 대기라고 하는 보이지 않는 공기층에 둘러싸여 있어. 대기는 모든 동물이 숨을 쉬는 데 꼭 필요한 산소와 그 밖의 여러 기체로 이루어져 있지. 지구는 이 기체들 덕분에 태양열 일부를 대기 중에 저장할 수 있어. 빛은 받아들이고 열은 내보내지 않는 거대한 온실처럼 말이야.
그래서 이런 현상을 온실 효과라고 불러.

기후는 지역에 따라 달라.

태양은 모든 지역을 똑같이 비추지 않아. 어떤 지역은 다른 지역보다 햇볕이 더 많이 내리쬐지. 그래서 다양한 기후대가 생겨나는 거야.

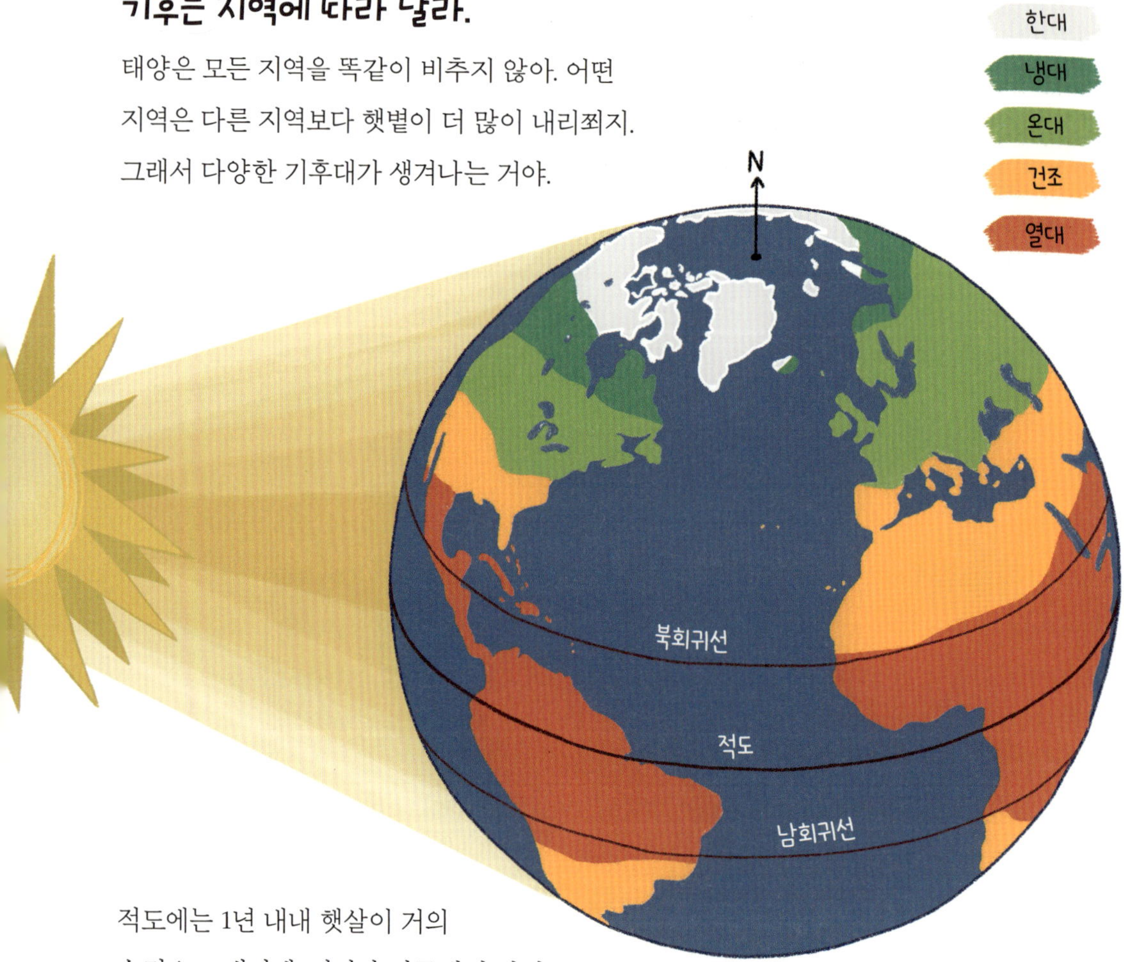

한대
냉대
온대
건조
열대

북회귀선
적도
남회귀선

적도에는 1년 내내 햇살이 거의 수직으로 내리쫴. 거기가 지구에서 가장 무더운 열대야. 여름엔 너무 덥지 않고 겨울엔 너무 춥지 않은 곳은 온대지. 남극과 북극 같은 한대는 무척 추워. 햇살이 비스듬히 내리쬐어서 같은 면적에 닿는 햇볕의 양이 다른 지역보다 적거든.

한대　　　　　　냉대　　　　　　온대

공기와 해류는 지구의 열을 어느 정도 고르게 퍼트리는 역할을 해.
그러지 않으면 극지방은 더 추워지고 적도 지방은 더 뜨거워질 거야.
적도 부근의 따뜻한 바닷물과 공기가 북쪽과 남쪽으로 퍼져 나가
그런 일을 막아 줘.

따뜻한 공기와 물은 위로 올라가고, 찬 공기와 물은 아래로 가라앉아.
공기와 바닷물이 적도에서 극지방으로 흘러갈 때도 똑같은 일이 일어나.
적도에서 출발한 따뜻한 공기와 바닷물은 극지방으로 가면서 차갑게 식어
아래로 가라앉았다가 다시 적도 쪽으로 흘러가면서 데워져.

건조　　　　　　　　　　　　열대

한대 지방은 혹독하게 추울 때가 많아.

이를테면 그린란드는 거의 1년 내내 눈과
얼음으로 덮여 있어. 겨울에는 몇 달 동안 해가
뜨지 않아 늘 어두워.

크리스마스트리도 배로 실어 와야 해.
한대 지방에서는 풀과 나무가 거의
자라지 않거든.

전통적인 식량은
바다표범과 물고기야. 얼어붙은
땅에서는 아무것도 기를 수 없어서,
과일과 채소도 비행기로 실어 와야 해.

개 썰매라면 이렇게 고장 나는
일이 없을 텐데!

여름 방학은 두 달이야. 1년 내내 모자라는 햇볕을 여름내
마음껏 쬐라는 거지. 하지만 7월에도 날이 싸늘해서 두꺼운
재킷을 입어야 할 때가 많아.

열대 지방은 가장 뜨거운 기후대야.

여긴 늘 무더워. 게다가 1년이 사계절이 아니라 우기와 건기로 나뉘지. 적도에 가까운 열대 지방은 거의 1년 내내 무척 습하고 비가 많이 내려. 그래서 수많은 동물이 살아가는 울창한 열대 우림이 자리 잡고 있어. 세계에서 물이 가장 풍부한 강도 열대 지방에 있어. 남아메리카의 아마존강이지. 이곳에 사는 아이들은 종종 배를 타고 학교에 가.

적도 지방의 고온 다습한 공기는 높이 올라갈수록 점점 차가워져서 작은 물방울로 변해. 이런 물방울들이 수없이 엉겨 붙은 덩어리가 바로 구름이야. 적도 지방에서 생겨난 구름들은 각각 북쪽과 남쪽으로 흐르는 공기를 타고 떠 가다가 비를 뿌려.

적도에서 출발한 공기는 각각 북회귀선과 남회귀선에 이르면 다시 가라앉아. 그런데 이 지역은 해가 수직으로 내리쬐는 탓에 공기가 바짝 말라서 더는 구름이 생겨나지 않아. 날은 뜨겁고 비는 잘 내리지 않으니, 식물을 찾아보기 힘든 사막이 되는 거지.

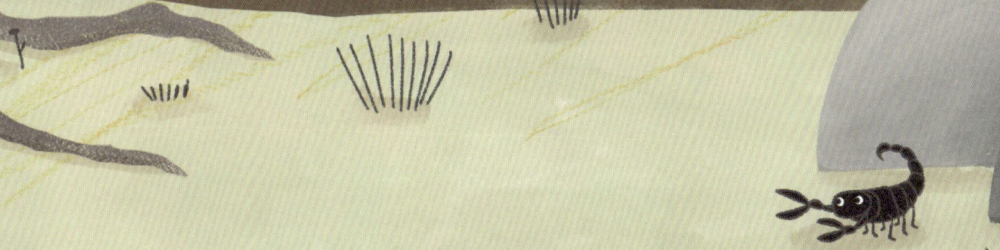

유럽은 온대 지방이야.

여기선 햇빛과 비, 더위와 추위, 바람과 눈을 모두 볼 수 있어.
그중 어느 것을 자주 볼 수 있는지는 지역과 계절에 따라 달라.

봄

여름

가을

겨울

여름 방학 동안 발트해 주변은 선선하고 가끔 비가 내려.

이탈리아처럼 유럽 남쪽에 있는 나라들은 덥고 건조하지.

온대 지방은 대체로 사계절이 있고, 여름이 겨울보다 훨씬 따뜻해.

계절 변화는 지구의 공전 때문이야.

지구는 태양을 중심에 두고 돌고 있어. 지구가 태양 주위를 한 바퀴 도는 데는 1년이 걸리지. 동시에 지구는 자전축을 중심으로 날마다 한 바퀴씩 돌아. 그것도 똑바로 선 상태가 아니라 조금 기울어진 팽이처럼 돌지. 그러다 보니 3월에서 9월까지는 태양이 적도 북쪽인 북반구를 더 많이 비추고, 나머지 시기에는 적도 남쪽인 남반구를 더 많이 비춰.

북반구 : 봄 시작
남반구 : 가을 시작
3월 21일 전후(춘분)

6월 21일 전후(하지)
12월 22일 전후(동지)

북반구 : 여름 시작
남반구 : 겨울 시작

북반구 : 겨울 시작
남반구 : 여름 시작

9월 23일 전후(추분)
북반구 : 가을 시작
남반구 : 봄 시작

한국은 북반구에 있어. 태양이 북반구를 더 많이 비추면, 한국에 여름이 찾아오지. 반대로 태양이 남반구를 더 많이 비추면, 오스트레일리아에 여름이 찾아와. 한국이 겨울철일 때 오스트레일리아는 여름철인 셈이야. 오스트레일리아에도 사계절이 있지만, 날씨는 한국과 정반대야. 그곳에선 12월이 한여름이라 해수욕하기에 가장 좋아.

메리 크리스마스!

기후는 늘 변해 왔어.

지난 수십억 년 동안 지구에는 따뜻한 시기와 추운 시기가 번갈아 나타났어.

공룡이 살던 때 지구는 지금보다 훨씬 따뜻했어. 그러다 6500만 년 전쯤 거대한 운석이 지구와 충돌한 뒤 날씨가 무척 추워졌지. 지구와 운석이 충돌하면서 엄청난 폭발이 일어났고, 이 폭발로 생겨난 엄청난 양의 먼지와 재가 지구를 뒤덮으면서 햇빛이 땅에 와 닿지 못했거든. 그 바람에 공룡과 다른 수많은 동물이 멸종하고 말았어.

식물은 햇빛과 온기가 없으면 자라지 못해. 그러다 보니 식물을 먹고 사는 초식 공룡이 먼저 굶어 죽었고, 초식 공룡을 먹고 사는 육식 공룡도 먹이를 구할 수 없게 되었지.

그때 지구에는 아직 사람이 살지 않았어. 오늘날 우리가 공룡과 공룡이 살던 환경에 대해 아는 건 모두 공룡을 연구하는 과학자들이 밝혀낸 거야. 아주 오래된 동물 뼈와 식물 화석을 바탕으로 지구의 옛 모습을 그려 낸 거지.

지구가 꽁꽁 얼어붙었던 **마지막 대빙하기**에는 유럽의 일부도 두꺼운 얼음으로 덮였어. 알프스산맥도 얼음으로 뒤덮여 꼭대기만 간신히 보일 정도였지. 이 빙하기는 10만 년쯤 이어지다가 1만 년 전쯤부터 다시 따뜻해지기 시작했어. 그런데 16세기 말부터 갑자기 지구가 몹시 추워졌어. 이 시기는 그렇게 오래가지 않아서 소빙하기라고 불러.

이 시기에 겨울은 혹독하게 추웠고, 여름은 선선했어. 그래서 농작물이 제대로 자라지 못했지. 빙하가 자꾸 넓어져 산악 지대에 살던 사람들은 마을을 떠나야 했고, 큰 강들도 꽁꽁 얼어붙어 영국 템스강 위에서 큰 시장이 열리기도 했어. 1608년과 1621년에는 북해가 얼어붙어 북해 연안의 프리지아 제도까지 걸어갈 수 있었지.

숲속을 걷다 보면 기후 변화의 흔적들을 발견할 수 있어!

기후학자들은 이 흔적들로 과거의 기후를 추측해. 그중 하나는 베어지거나 쓰러진 나무 그루터기에서 볼 수 있는 나이테야. 나이테를 헤아려 보면 나무의 나이를 알 수 있지. 하지만 나이테는 그것 말고도 훨씬 더 많은 것을 우리에게 알려 줘.

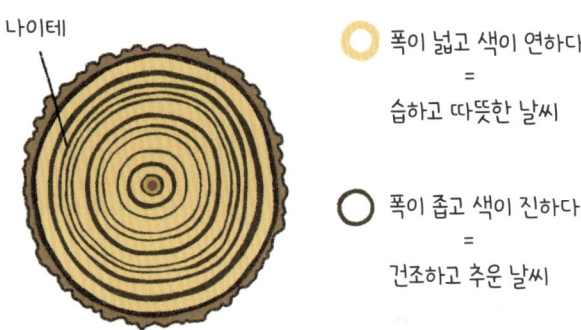

기후학자들은 나이테를 보고 기후에 대한 정보를 얻어. 나무는 따뜻하고 비가 많이 오는 봄과 여름에 왕성하게 자라나. 가을로 갈수록 점점 천천히 자라다가 춥고 건조한 겨울이면 성장을 멈추지. 나이테는 이런 기후 변화 때문에 생겨.

동굴 천장에 고드름처럼 매달린 종유석도 기후에 대한 정보를 담고 있어.

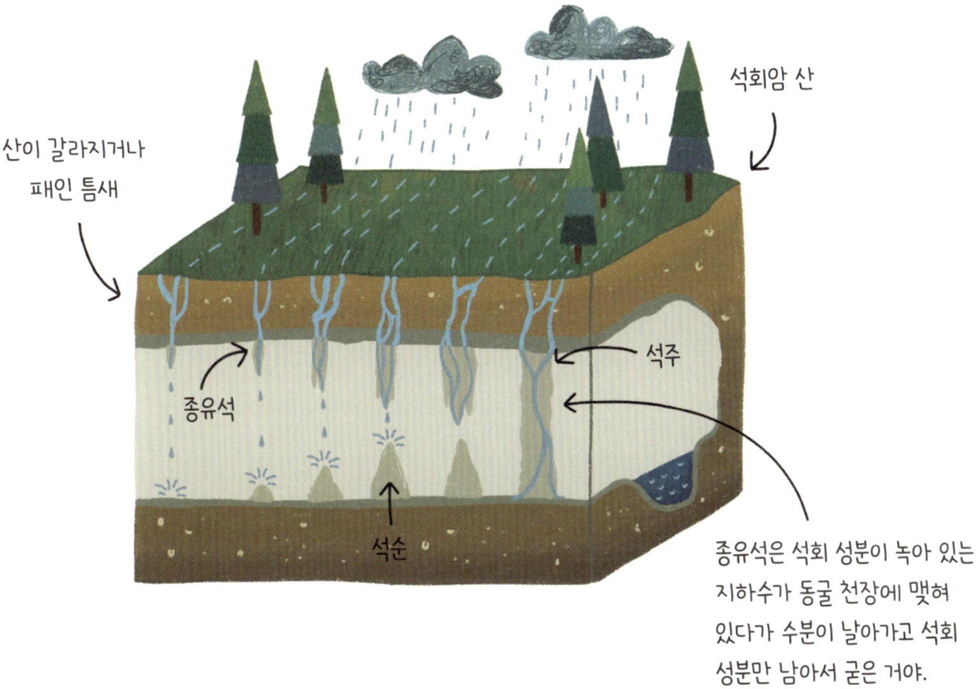

산이 갈라지거나 패인 틈새

석회암 산

종유석

석주

석순

종유석은 석회 성분이 녹아 있는 지하수가 동굴 천장에 맺혀 있다가 수분이 날아가고 석회 성분만 남아서 굳은 거야.

종유석이 품고 있는 공기로 각 층이 생길 무렵의 강수량이나 기온 같은 기후 정보를 알 수 있어.

빙하는 수십만 년 전의 기후를 알려 줘.

빙하는 수천 년 동안 내린 눈이 쌓여 변한 얼음덩어리로, 새로 내린 눈이 아래층의 눈을 계속 누르면서 만들어졌어. 그러니까 깊은 곳에 있는 얼음일수록 더 오래전에 만들어진 셈이지.
과학자들은 그린란드나 남극 빙하에 수천 킬로미터 깊이의 구멍을 뚫고 빙하 코어라는 원통 모양의 얼음 기둥을 채취해. 그런 다음 실험실로 가져가 얼음 층의 두께와 얼음 층 속의 공기 방울, 동식물의 흔적, 화산재, 먼지 따위를 조사하지. 그러면 상상할 수 없을 만큼 긴 시간 동안 기후가 어떻게 변해 왔는지 알 수 있어.

남극은 지구에서 가장 추운 대륙이야. 지금까지 관측된 가장 낮은 기온은 영하 89.2도라고 해.

얼음처럼 차가운 날씨에도 남극에서 일하는 과학자들은 감기에 걸리지 않아. 사람이 거의 살지 않아 감기 바이러스가 들어올 일도 없고, 들어오더라도 기온이 너무 낮아 바이러스가 버틸 수 없거든.

기후가 변하는 건 아주 자연스러운 일이야.

하지만 그 변화는 수십, 수백만 년에 걸쳐서 천천히 이루어졌어. 기후 변화의 첫 번째 원인은 태양 주위를 도는 지구의 궤도가 늘 똑같지 않아서야. 긴 세월이 흐르는 동안 지구의 공전 궤도는 거의 눈에 띄지 않을 만큼 조금씩 바뀌어 왔어. 원에 가까울 때도 있고, 타원에 가까울 때도 있지.

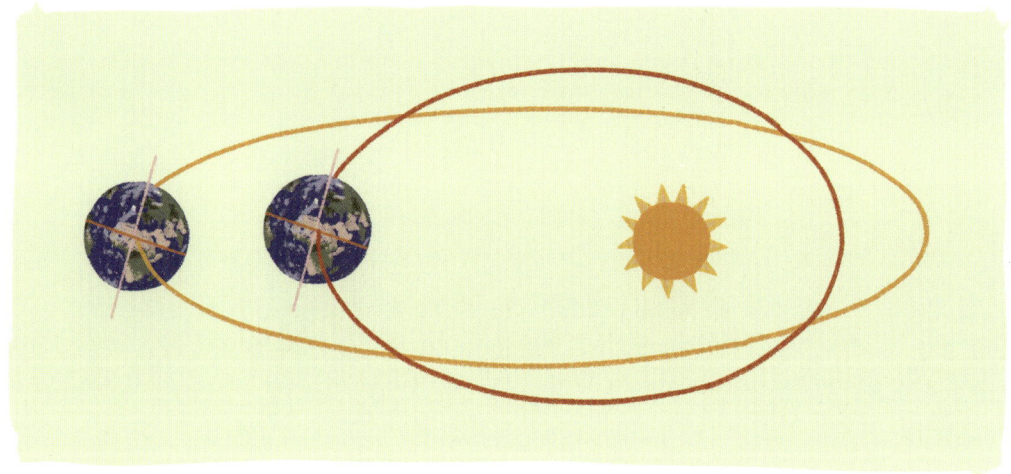

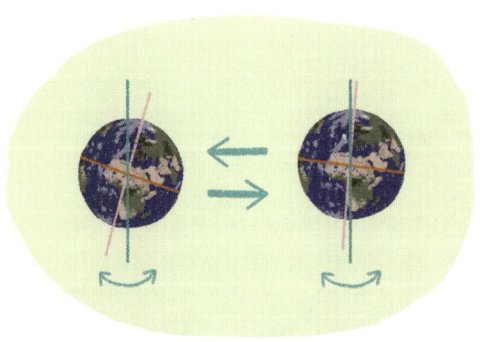

북극과 남극을 잇는 지구 자전축도 기울기가 일정하지 않아. 4만 1000년을 주기로 22.1도에서 24.5도 사이를 오가고 있지. 자전축의 기울기가 작아지면 극지방이 햇빛을 덜 받아서 추워지고, 기울기가 커지면 극지방이 햇빛을 더 받아서 따뜻해져.

햇빛의 세기도 늘 똑같지는 않아. 태양 표면에는 흑점이라고 하는 검은 얼룩이 늘어났다 줄어들었다 해. 흑점이 늘어나면 태양에서 뿜어져 나오는 에너지도 늘어나지. 그래서 흑점이 많은 시기에는 지구가 더 따뜻하고, 적은 시기에는 더 춥다고 해. 하지만 흑점이 지구 기후에 미치는 영향은 그리 크지 않다고 생각하는 과학자들도 많아.

온실 효과도 지구의 기후에 영향을 미쳐. 눈에 보이지 않는 막처럼 지구를 둘러싼 대기는 여러 가지 기체로 이루어져 있어. 그중에서 이산화탄소, 메탄, 유황 같은 온실가스는 태양열이 지구 밖으로 나가지 못하게 붙잡아 두지. 온실가스는 우리가 숨을 내쉴 때, 식물이 썩을 때, 화산이 폭발할 때도 생겨나. 온실 효과가 없으면 지구의 평균 기온은 영하 19도까지 떨어졌을 거야. 지구가 냉동고 안처럼 추웠을 거라는 소리지.

대기 중에는 늘 온실가스가 있어 왔어. 그런데 최근 들어 사람들이
온실가스를 너무 많이 배출하는 바람에 대기의 성분이 점점 달라지고 있어.
지난 수십 년 동안 자동차와 비행기, 공장에서 엄청난 양의 온실가스를
배출하면서 점점 더 많은 열이 지구에 쌓이게 된 거야. 흔히 말하는 '기후 변화'는
사람들의 생활 방식이 바뀌면서 지구의 온도가 점점 올라가는 현상,
즉 '지구 온난화'를 뜻할 때가 많아.

어떤 사건 때문에 대기의 성분이 갑자기 바뀌면서 지구의 기후가 달라지기도 해.

1883년 인도네시아 크라카타우 화산이 폭발했을 때, 3500킬로미터 떨어진 오스트레일리아에서도 폭발 소리가 들렸어. 자동차로 이틀을 쉬지 않고 달려야만 닿을 수 있는 거리인데도 말이야. 심지어 훨씬 멀리 떨어진 뉴욕에서는 해 질 무렵에 하늘이 활활 불타오르는 것 같았다고 해. 그래서 불이 났다고 소방서에 전화하는 사람도 있었대.

대기 중에는 늘 에어로졸이라고 불리는 액체나 고체 형태의 미세한 입자가 떠다녀. 크라카타우 화산이 폭발하면서 엄청난 화산재와 가스를 내뿜자 에어로졸의 수는 눈 깜짝할 사이에 어마어마하게 불어났어. 햇빛이 에어로졸에 부딪혀 튕겨 나가는 바람에 지구에 도달하는 햇빛의 양도 줄어들었어. 그 바람에 몇 년 동안 전 지구의 온도가 낮아졌지. 세계 곳곳의 하늘이 장밋빛으로 물들기도 했어. 에어로졸은 파장이 긴 붉은빛만 통과시키거든.

불이야!

사막의 모래나 바닷물의 소금 입자도 에어로졸 상태로 대기 중에 떠다녀. 그것 말고 사람이 만들어 내는 에어로졸도 상당해. 자동차나 공장에서 화석 연료를 태우면서 생겨나는 매연이 대표적이지. 화산재 같은 에어로졸은 지구를 식히지만, 매연 입자 같은 에어로졸은 태양열을 저장해서 지구를 덥게 만들어.

과학자들은 에어로졸이 기후 변화에 얼마나 큰 영향을 미치는지 연구하고 있어. 그렇지만 사람들이 배출하는 온실가스가 가장 큰 원인이라는 것은 분명한 사실이야.

우리는 석탄과 석유, 천연가스를 태워서 에너지를 얻어.

온실가스는 대부분 이 과정에서 생겨나지. 사람이 살아가려면 무척 많은 에너지가 필요해. 집과 학교, 상점, 회사에서는 주로 석탄 화력 발전소에서 만든 전기를 사용하지. 자동차는 석유로 움직이고, 난방에도 천연가스 같은 화석 연료를 써.

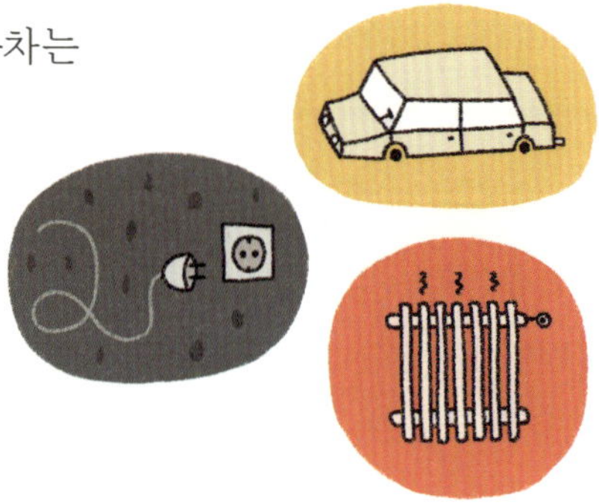

습지

이탄

갈탄

천연가스

석유

석탄

석탄, 석유, 천연가스는 화석 연료라고 해. 먼 옛날 지구에 살던 동식물이 땅속 깊은 곳에 묻혀서 만들어진 것이거든. 그중 석탄은 죽은 식물이 쌓여 만들어진 거라 탄소가 많이 들어 있어. 식물은 성장에 필요한 에너지를 얻으려고 대기 중의 이산화탄소를 흡수해 탄소로 바꾸거든. 그러니 우리가 화석 연료를 태워 에너지를 얻으면, 화석 연료 속에 있던 탄소가 다시 이산화탄소가 되어 나오는 거야.

바다

온실가스의 절반 가까이가 산업 시설에서 나와.

공장과 발전소는 엄청난 양의 온실가스를 배출해.

제철소에서는 철광석을 용광로에 녹여 기계나 공구, 자동차를 만드는 데 쓸 철강을 만들어. 그런데 이 과정에서 엄청난 에너지가 소비돼. 철광석을 녹이려면 아주 높은 열이 필요하거든.

250년 전쯤 많은 발명이 이루어졌어.
그 덕분에 예전에는 사람이 하던 일을 기계가 대신하게 되었지.
다양한 물건을 대량으로 생산하는 기계로 가득한 공장들도 생겨났어. 사람들이 공장에서 일하려고 몰려들면서 도시도 점점 커졌어. 이런 변화를 산업 혁명이라고 불러. 이때부터 사람들은 점점 더 많은 에너지를 소비하기 시작했어.

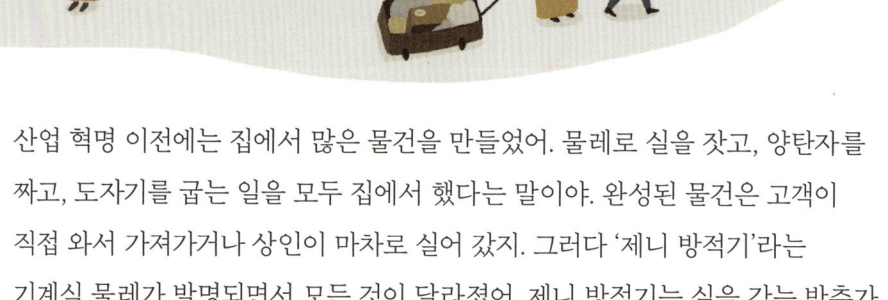

산업 혁명 이전에는 집에서 많은 물건을 만들었어. 물레로 실을 잣고, 양탄자를 짜고, 도자기를 굽는 일을 모두 집에서 했다는 말이야. 완성된 물건은 고객이 직접 와서 가져가거나 상인이 마차로 실어 갔지. 그러다 '제니 방적기'라는 기계식 물레가 발명되면서 모든 것이 달라졌어. 제니 방적기는 실을 감는 방추가 여러 개 있어서 여러 가닥의 실을 동시에 뽑아 낼 수 있었어. 그러다 보니 실을 잣는 방적공이나 천을 짜는 직조공이 많이 필요하지 않게 되었지.

뭐니 뭐니 해도 가장 중요한 발명품은 증기 기관이야. 사람들은 증기 기관으로 공장의 기계를 돌려 더 많은 물건을 더 빠르게 생산할 수 있었어. 증기 기관은 기관차와 배에도 쓰였어. 그 덕분에 갖가지 원료와 상품을 먼 곳까지 운반할 수 있었지. 하지만 증기 기관을 움직이는 데는 많은 석탄이 필요했어. 철도와 기관차, 배를 만들려면 철강이 필요하고, 철광석을 녹여 철강을 만들려면 다시 증기 기관이 필요했지. 이런 과정을 통해서 산업은 빠른 속도로 발전하기 시작했어.

상품을 만들려면 여러 가지 원료가 필요한데, 그중 많은 것을 외국에서 가져와야 해. 같은 원료라도 외국에서는 더 싼 경우가 많거든.

우리가 쓰는 상품은 대부분 여러 나라의
여러 공장을 거쳐 완성되고 판매돼.

청바지 한 벌도 우리 손에 닿기까지
기나긴 세계 여행을 해.

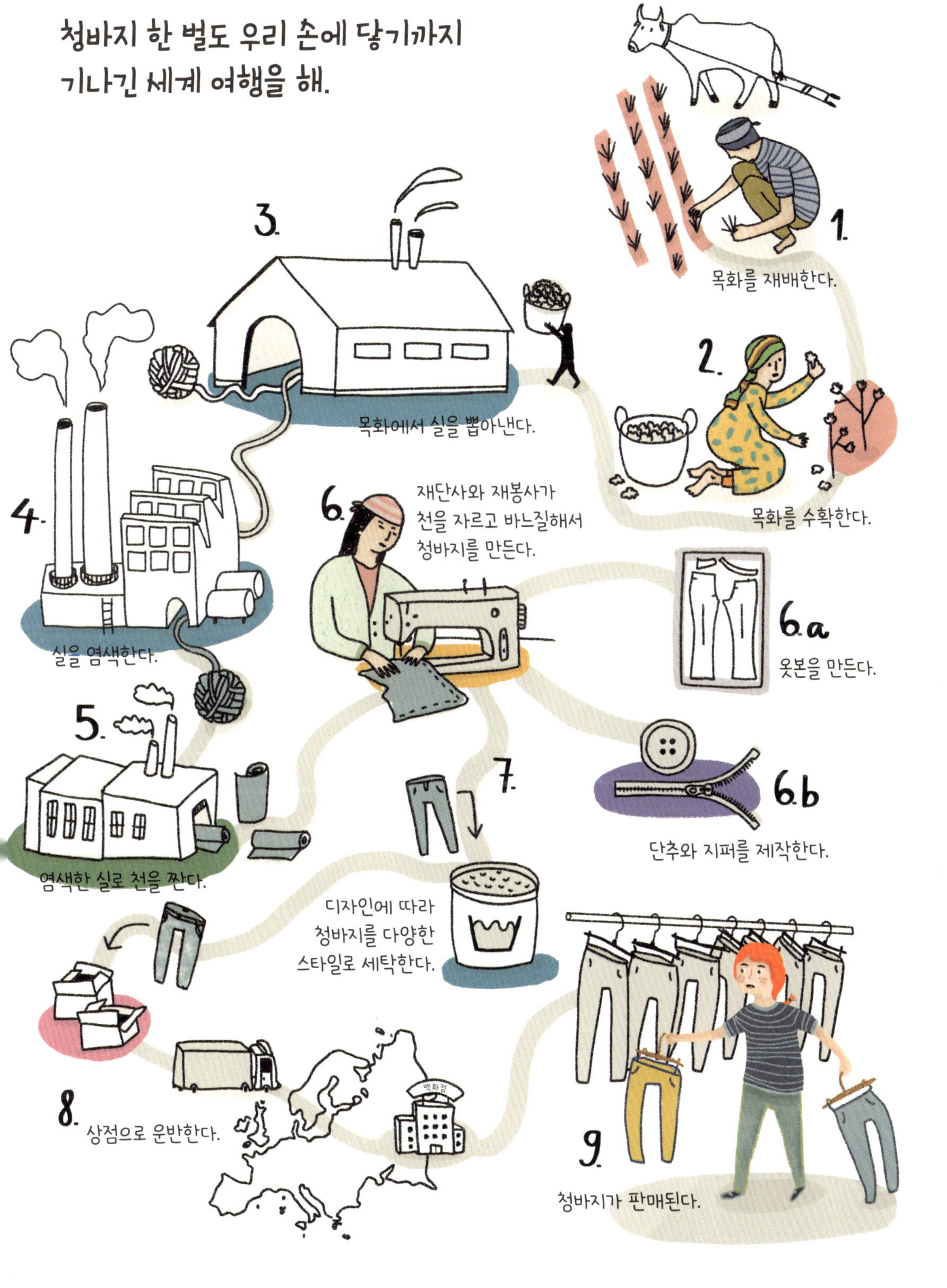

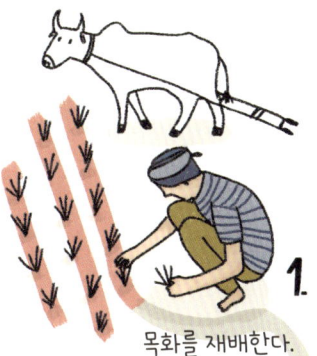

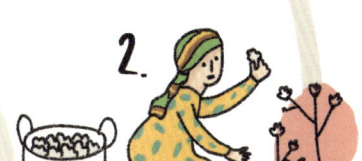

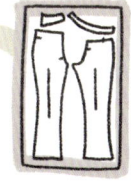

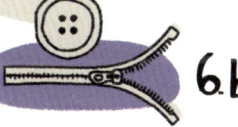

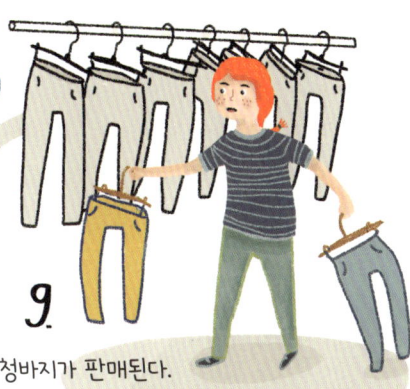

많은 물건이 마지막에는 버려져.

찌꺼기와 포장지도 쓰레기통에 들어가지. 그런데 쓰레기를 분리배출 하면 새로운 제품으로 만들 수 있어. 이것을 재활용이라고 해. 오래된 물건으로 새 물건을 만들어도 원료와 에너지, 온실가스를 줄일 수 있어.

유리 수거함
유리는 녹여서 새 병이나 유리로 만들어.

폐지 수거함
종이와 판지로는 새 종이를 만들어.

플라스틱 쓰레기

음식물 쓰레기 수거함
우리가 먹고 남긴 음식물 쓰레기는 음식물 처리 시설에서 가열, 건조된 뒤 퇴비나 사료로 쓰여.

일반 쓰레기 수거함
재활용할 수 없는 쓰레기는 땅에 묻거나 태워. 하지만 쓰레기를 태우면 이산화탄소가 나오지.

플라스틱을 만드는 데는 석유와 에너지가 많이 들고 온실가스도 많이 나와. 그런데 우리가 버린 페트병, 장난감, 빨대, 비닐봉지는 절반 이상이 재활용되지 않고 그대로 태워져. 그 바람에 온실가스가 더 많이 생겨나지. 분리 배출된 다양한 색깔과 종류의 플라스틱은 녹여서 다른 제품으로 만들어. 그렇게 재생한 플라스틱은 여러 색이 섞인 탓에 검은색이나 회색을 띠는 경우가 많아. 그러다 보니 밝고 투명한 제품을 만들 때는 새로 생산한 플라스틱을 쓰곤 해.

모두가 쓰레기를 제대로 분리 배출하지는 않아서 지금은 세계 어디를 가건 플라스틱이 넘쳐나. 썩지도 않는 것이 계속 늘어나기만 하는 거지. 게다가 플라스틱은 땅 위에 굴러다니거나 바다에 떠다니기만 해도 온실가스를 배출해. 햇빛을 받으면 천천히 분해되면서 메탄과 다른 기체를 뿜어내거든.

복잡한 도시에서는 자전거가 가장 빠른 교통수단일 수 있어.

자전거를 타기 싫으면 버스나 전철을 타면 돼. 하지만 시골에서는 승용차가 필요할 때가 많아. 슈퍼마켓이나 병원이 멀리 떨어져 있거든. 비행기는 날마다 사람들을 지구 곳곳으로 실어 날라. 휴가를 떠나는 사람이건 친척 집에 가는 사람이건 출장을 떠나는 사람이건 간에 말이야. 이 모든 일들이 이산화탄소를 배출해.

버스, 전철, 기차 같은 대중교통 수단은 승객 한 명당 온실가스 배출량이 승용차보다 적어. 한 번에 많은 사람을 태우기 때문이지. 비행기도 한 번에 많은 사람을 태우지만, 온실 효과에 적지 않은 영향을 끼쳐. 휘발유나 경유 같은 석유로 만든 연료를 쓰는 데다가 그 소비량이 어마어마해서 이산화탄소를 비롯한 유해 물질도 많이 나오거든.

한 사람이 1킬로미터를 갈 때마다 배출하는 온실가스
(출처 : 독일 연방 환경청)

자전거 : 0그램

기차 : 약 50그램

지하철 : 약 75그램

버스 : 약 111그램

승용차 : 약 152그램

비행기 : 약 284그램

체크 리스트

에너지 절약을 위한 꿀팁!

1. 냉난방을 할 때는 창문을 잘 닫아 둔다.
2. 대신 하루에 여러 번 잠깐씩 창문을 열어 환기한다.
3. 방을 비울 때는 반드시 불을 끈다.
4. 사용하지 않는 전자 제품은 전기 플러그를 뽑아 둔다.
5. 환기할 때는 난방을 끈다.

우리는 집에서도 늘 에너지를 써.

그런데 우리가 하는 일 중에는 기후에 나쁜 영향을 주지 않는 일도 많아. 이를테면 축구나 숨바꼭질 같은 거지.

지붕이나 마당에 태양 전지판을 설치하면 햇빛을 전기 에너지로 바꿔 줘. 그러면 화력 발전소에서 석탄 같은 화석 연료로 만든 전기를 덜 쓸 수 있어.

축구공을 꼭 공장에서 만들어야 해?

우리가 먹는 음식도 온실가스를 만들어.
특히 동물성 식품은 환경에 좋지 않아.

지난 100년 사이 동물성 식품의 소비는 크게 늘었어. 이제는 식탁에 동물성 식품이 올라오지 않는 날이 거의 없어.

미래에는 곤충이 우리 식탁에 오를지도 몰라. 곤충을 먹으면 기후 변화에 나쁜 영향을 덜 끼치거든. 곤충을 기르면 소나 돼지, 닭, 오리 같은 동물을 기르는 것보다 에너지도 덜 들고 공간도 덜 차지하니까 말이야.

식품이 어떻게 온실가스를 배출하냐고?

식품을 생산하는 단계마다 얼마나 많은 온실가스가 배출되는지 알면 깜짝 놀랄걸.

우리가 먹는 식품을 만들어 내려면 많은 동물을 길러야 해. 더 많은 사람을 먹이려면 더 많은 동물을 길러야 하고, 더 많은 동물을 기르려면 더 많은 사료가 필요해. 동물들은 늘 배가 고프거든. 게다가 사료를 더 얻으려면 경작지가 더 있어야 해. 그 바람에 숲과 들이 파괴되고 있어.

사료 작물을 재배하고 수확하고 가공하는 데 쓰는 기계와 비료에서도 온실가스가 나와.

그뿐만이 아냐. 동물을 기르는 축사에는 난방 시설과 청소 시설을 갖춰야 해. 이 기계들을 작동하면 또 에너지가 들지. 동물도 온실가스를 배출해. 특히 소는 트림을 하고 방귀를 뀔 때마다 엄청난 양의 메탄가스를 뿜어내.

식품을 가공하고 운송하고 냉장 보관할 때도 온실가스가 발생해. 우유를 예로 들어 볼게. 목장에서는 젖소의 젖을 착유기로 짜서 냉장 탱크에 보관해. 그러면 냉장 탱크가 달린 화물차가 와서 우유를 유제품 공장으로 가져가지. 유제품 공장에서는 우유를 가열·살균해서 그대로 포장 용기에 담거나 요구르트, 버터, 치즈, 크림 같은 유제품으로 만들어. 마지막으로 냉장 트럭이 와서 우유와 유제품을 곳곳에 있는 슈퍼마켓으로 실어 나르고, 슈퍼마켓에서는 우유와 유제품을 냉장고와 냉동고에 보관하지. 그뿐인 줄 아니. 슈퍼마켓을 밝히는 조명과 물건값을 계산하는 계산대에도 전기가 쓰여.

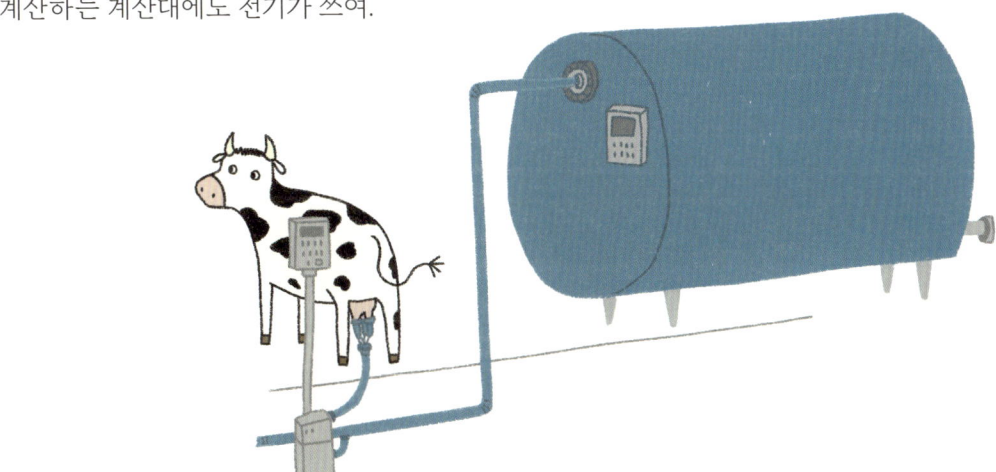

어떤 식품이 얼마나 많은 온실가스를 배출하는지 따져 보려면 이 모든 과정을 생각해야 해. 심지어 자동차를 타고 슈퍼마켓에 가서 물건을 사다가 우리 집 냉장고에 채워 넣는 과정까지도 말이야. 상태가 좋지 않거나 유통 기한이 지났다는 이유로 버려지는 식품도 생각해야 해. 버려지는 만큼 더 많은 식품을 다시 만들어야 하니까 말이야.

과일과 채소만 먹는 것은 기후에 도움이 될까?

그렇기도 하고, 그렇지 않기도 해. 요즘 들어 많은 사람이 동물과 환경을 보호하려고 고기를 먹지 않아. 그런 사람을 채식주의자라고 부르지. 그중에는 우유나 달걀, 꿀을 포함해 동물에게서 나오는 식품을 모두 먹지 않는 사람도 있어. 이런 생활이 온실가스를 덜 배출하는 것은 사실이야.

그런데 과일과 채소도 기후에 나쁜 영향을 미칠 수 있어. 아주 멀리서 재배한 것들은 비행기나 배, 화물차로 실어 날라야 하거든. 게다가 긴 운송 기간 동안 썩지 않게 하려면 냉장 상태로 보관해야 해. 그러려면 또 에너지를 소비하고 이산화탄소를 배출할 수밖에 없어.

가까운 곳에서 기른 사과를 먹느냐, 머나먼 곳에서 수입한 파인애플을 먹느냐에 따라 차이가 클 수밖에 없다는 말이야. 기후에 가장 영향을 적게 주는 건 지역에서 난 제철 농산물이야. 우리 동네에서 나는 제철 농산물은 멀리서 실어 올 필요도 없고, 온실에서 기를 필요도 없어. 요즘은 자신이 키운 농작물을 직판장이나 인터넷에서 직접 파는 농부도 많아. 집에 텃밭이 있으면 과일이나 채소를 직접 길러 먹는 것도 좋은 방법이지. 고기나 달걀, 유제품을 좋아하는 사람은 내가 먹는 것이 어디에서 왔는지 꼼꼼히 따져 볼 필요가 있어.

세계 인구는 너희 할머니 할아버지가 어렸을 때보다 세 배쯤 늘어났고, 지금도 계속 늘고 있어.

1초에 인구 1000명 당 서너 명이 새로 태어나고 있거든. 인구가 늘어나면 자원 소비가 늘어나고 온실가스 배출량도 늘어나. 더 많은 사람들이 먹고 마시고, 자동차를 타고, 여행을 떠나고, 멋진 물건을 사고 싶어 하니까 말이야. 그러려면 더 많은 에너지를 소비해야 하고, 더 많은 농경지가 있어야 하고, 더 많은 가축을 길러야 하고, 더 많은 물건을 생산해야 하고, 더 많은 물을 써야 해.

과학자와 정치인들은 어떻게 하면 모든 사람을 건강하게 먹여 살릴 수 있을지 열심히 궁리하고 있어. 기후에 큰 영향을 주지 않고, 물과 에너지를 아껴 가면서 말이야. 하지만 서둘러야 해. 기후 변화는 벌써 전 세계에 심각한 영향을 미치고 있거든.

지구 온난화로 이상 기후가 이어지고 있어.

극심한 무더위로 식물이 말라 죽고, 산불이 일어나고, 식수가 부족해지기도 해. 심지어 폭우를 동반한 폭풍이 일어나기도 하지. 더운 공기는 수증기를 더 많이 품고 있어서 구름이 더 많이 생겨나거든.

이상 기후는 며칠을 넘어 몇 주씩 이어지기도 해. 극지방의 온난화가 심해지면서 적도와 기온 차이가 줄어서 그래. 그러면 적도에서 극지방으로 흘러가는 바람의 속도가 느려지면서 무더위나 폭풍이 예전처럼 빨리 물러가지 않거든.

무더위와 폭우, 폭풍으로 집과 도로가 망가지기도 해. 그걸 원래대로 복구하려면 돈이 많이 들기 때문에, 하수 시설을 고치거나 새로 만들어서 피해를 막으려 해. 하지만 그보다 더 좋은 건 자연을 되도록 자연 그대로 놔두는 거야.

풀과 나무는 물을 저장해.

숲은 공기를 정화하고 그늘을 만들어 줘.

아스팔트는 열을 가둬.

아스팔트와 콘크리트 때문에 물이 땅속으로 스며들지 못해.

눈과 얼음은 햇빛을 반사해 지구를 식혀 줘.

그런 눈과 얼음이 지구 온난화로 빠르게 녹아내리고 있어. 흙과 물은 색이 어두워서 햇빛을 반사하는 양보다 흡수하는 양이 더 많아. 눈과 얼음이 줄어들수록 날은 점점 더워지고 눈과 얼음이 줄어드는 속도도 점점 빨라져.

알프스산맥의 눈과 얼음도 점점 줄어들고 있어. 이제 스키장에서도 제설기로 인공 눈을 만들어서 뿌릴 때가 많아. 수많은 눈이 쌓여 만들어진 거대한 얼음덩어리, 빙하도 녹고 있어. 눈이 내려서 쌓이는 양보다 녹아내리는 양이 늘어나면서 빙하가 줄어들고 있는 거지.

눈과 얼음이 녹아 많은 양의 물이 흘러내리면 홍수와 산사태가 일어날 수도 있어. 더구나 빙하는 식수 저장고 노릇도 하고 있어서, 빙하가 녹아 없어지면 식수 공급에도 문제가 생겨. 그래서 과학자들은 어떻게든 빙하를 보존하려고 여러 가지 방법을 쓰고 있어. 특수한 덮개나 인공 눈으로 빙하를 덮는 것도 그중 하나야.

특히 북극의 빙하가 많이 녹아내리고 있어.

지구 온난화로 1년 내내 북극해를 덮고 있던 거대한 빙하가 서서히 줄어들고 있는 거지. 겨울에 새로 생기는 얼음보다 여름에 녹아내리는 얼음이 훨씬 많은 탓이야.

1984년 북극 빙하 면적

2016년 북극 빙하 면적

남극 대륙의 빙하도 서서히 바다 쪽으로 흘러내리고 있어. 남극해에 떠다니는 해빙도 바닷물이 점점 따뜻해지면서 녹아내리고 있고. 그 바람에 대륙 빙하도 더 빨리 바다로 흘러들어 녹아 없어지고 있지.
과학자들은 어떻게 하면 이 과정을 늦출 수 있을지 고민하고 또 고민해. 심지어 따뜻한 해류가 남극 대륙 쪽으로 흐르지 못하도록 거대한 벽을 세울 궁리까지 하고 있어.

북극곰은 빙하 위에서 먹잇감인 물범이 나타나기를 기다리곤 해. 그런데 빙하가 녹으면서 사냥터가 점점 줄어드는 바람에 사람이 사는 마을까지 내려오고 있어.

북극

먹잇감을 구하기 힘든 건 남극의 펭귄도 마찬가지야. 남극 바다의 수온이 올라가면서 펭귄의 먹잇감인 물고기들이 줄어들고 있기 때문이지.

남극

영구 동토층도 녹고 있어.

영구 동토층은 계절에 상관없이 1년 내내 얼어 있는 땅속의 토양층이야. 북반구는 4분의 1 가까이가 영구 동토층이지.

이산화탄소

몇십 년 전만 해도 영구 동토층은 정말 두껍고 단단했어. 여름에도 말이야. 그러던 것이 지구 온난화로 어느 때보다 빠른 속도로 녹고 있어.

그 바람에 지반이 약해져서 집이 무너져 내리기도 해. 벌써 모든 주민이 다른 곳으로 이주한 마을도 있어.

전 세계에서 해수면이 상승하고 있어.

지금의 해수면은 150여 년 전보다 20센티미터가량 높아. 육지의 얼음이 녹으면서 더 많은 물이 바다로 흘러들어 가서 그래. 바다의 수온이 높아진 것도 한 원인이야. 더운물은 찬물보다 부피가 크거든.
해안 지역에서 바닷물이 범람해 피해를 보는 일도 점점 늘고 있어.

아쿠아 알타 이탈리아 베네치아에서 늦가을과 초겨울에 해수면 상승으로 도시가 물에 잠기는 현상.

유럽 북쪽에 있는 바덴해의 몇몇 작은 섬들은 지대가 낮아서 자주 물에 잠기곤 해. 섬은 물에 잠기고 야트막한 언덕에 있는 집들만 물 위로 나와 있는 일이 많지. 예전에는 1년에 10~20번쯤 물에 잠겼다면 요즘은 50번 가까이 잠긴다고 해.

바다를 끼고 있는 나라에서는 바닷물이 넘어오는 걸 막으려고 제방과 모래 언덕을 쌓기도 해. 겨울철에 거센 파도로 모래가 휩쓸려 가면 다시 쌓아야 하지. 제방이나 도로가 해수면보다 낮아지면 더 높여야 하고. 하지만 어떤 나라는 돈이 없어서 제방과 모래 언덕을 쌓을 엄두를 내지 못해. 그 바람에 많은 섬들이 바다에 가라앉을 위기에 놓여 있어.

와, 경치 좋다!

폭풍 해일이 일어나면 바닷물이 여기까지 들어온대.

자연에서는 모든 것이 서로 이어져 있어.

서식지를 공유하는 동식물은 서로에게 의지해 살아가지. 무언가 하나라도 바뀌면 모든 것이 균형을 잃고 말아.

흰동가리는 적을 발견하면 말미잘 촉수 속에 숨어. 말미잘이 죽으면 흰동가리도 숨을 곳을 잃게 돼.

산호는 바닷물의 온도가 올라가면 황 입자를 내뿜어. 황 입자는 대기에 섞여 들어가 구름이 생겨나도록 돕고, 구름은 바다에 그늘을 드리워 바닷물을 식히지. 하지만 그것만으로는 바닷물을 충분히 식힐 수 없어.

바다는 사람들이 배출하는 이산화탄소를 흡수해. 그런데 이산화탄소 배출량이 늘어나면서 바다가 점점 산성화되어 가고 있어. 게다가 바닷물의 온도도 지난 150년 사이에 1도나 올라갔어.

상어는 원래 차가운 물보다 따뜻한 물에서 더 배고픔을 느껴. 그런데 바닷물이 산성화되면 후각에 이상이 생겨서 사냥을 제대로 할 수가 없어. 그러다 보면 바다거북 같은 상어의 먹잇감은 자꾸 불어나고, 바다거북의 먹잇감이자 이산화탄소를 분해하는 해초는 자꾸 줄어들게 돼.

산호는 '주산텔라'라는 조류와 공생하면서 산소와 영양분을 얻어. 산호의 알록달록한 색깔도 이 공생 조류에게서 비롯된 것이지. 그런데 바닷물이 따뜻해지면 공생 조류는 해로운 물질을 내뿜어. 그러면 산호는 공생 조류를 내보내고 하얗게 변하면서 굶어 죽게 되지.

사람들은 세계 곳곳에 있는 거대한 숲을 파괴하고 있어.

오늘날 열대 우림은 50년 전에 비해 절반밖에 남지 않았어. 숲은 수많은 동식물의 소중한 보금자리인 동시에 공기 중의 이산화탄소를 산소로 바꿔 주는 중요한 곳인데 말이야.

사람들은 화석 연료를 얻거나 다른 작물을 재배하려고 열대 우림을 베어 내. 가축의 사료나 바이오 연료, 식용유로 가공할 작물을 기르려고 열대 우림을 아예 태워 없애기도 해. 그러면 또 이산화탄소가 나오지.

예전보다 일찍 날이 따뜻해지면서 박새들이 너무 일찍 알을 낳기 시작했어. 그러면 새끼들이 알을 깨고 나왔을 때 먹일 애벌레가 부족할 수밖에 없어.

우리 집 마당을 숲으로 만들자!

그런 다음 우리 방 창문 앞에 있는 나무에 새집을 매다는 거야.

세계 곳곳에서 숲이 몸살을 앓고 있어. 건조하고 무더운 여름이 이어지면서 나무가 제대로 자라질 못하고 있거든. 언젠가는 새싹도 돋지 않고 열매도 맺지 않는 날이 올지 몰라. 어린나무는 말라 죽을 수도 있어. 뿌리를 깊이 내려 물을 충분히 빨아들이지 못해서지. 어떤 해에는 비가 너무 많이 내려서 문제가 되기도 해. 그러면 나무뿌리가 썩을 수도 있거든.

어떤 지역은 너무 건조하고 어떤 지역은 너무 습해.

지구 온난화로 사막이 점점 넓어지고 있어. 사막으로 변한 땅에서는
더는 아무것도 재배할 수 없어.
밭에 물을 대려고 끌어오는 바람에 강물도 말라붙고 있어.
아주 드물게 비가 내려도 메마른 땅은 물을 흡수하지 못하고,
기름진 표면의 흙만 빗물에 씻겨 내려가.
건조한 지역의 주민들은 사막화를 막으려고 이런저런 궁리를 해.
물이 많이 필요 없는 식물을 기르는 것도 한 방법이지. 하지만
그런다고 기후 변화를 막을 수는 없어.

비가 너무 많이 오거나 해수면이 높아져서 논밭이 수시로 물에 잠기는 지역도 있어. 그런 지역에 사는 사람들은 때때로 창의적인 해결책을 찾아내곤 해. 이를테면 벼의 품종을 개량해서 바닷물에 잠긴 논에서도 잘 자라는 품종을 만들어 내는 거지. 또는 나무로 짠 틀에 흙을 채워서 뗏목처럼 물에 떠다니는 논을 만들기도 해.

지구 온난화로 가장 큰 피해를 보는 사람은 가난한 나라의 가난한 사람들이야.

이 사람들은 기후 변화로 수확이 줄거나 삶의 터전을 잃어도 국가에서 제대로 도움을 받지 못해. 기후 변화에 가장 큰 책임이 있는 건 잘사는 나라들인데 말이야.

기후 변화로 고향을 떠나야 하는 사람들도 늘고 있어. 그중에는 유럽으로 가는 사람들도 있지만, 대부분은 유럽까지 갈 돈이 없어서 근처에 머무르기도 해.
기후 변화로 고향을 떠나는 사람이 얼마나 되는지는 정확히 알 수 없어. 전쟁 같은 다른 이유로 피난을 떠나는 사람들도 많거든.

기후 변화로 삶을 위협받는 지역들 :

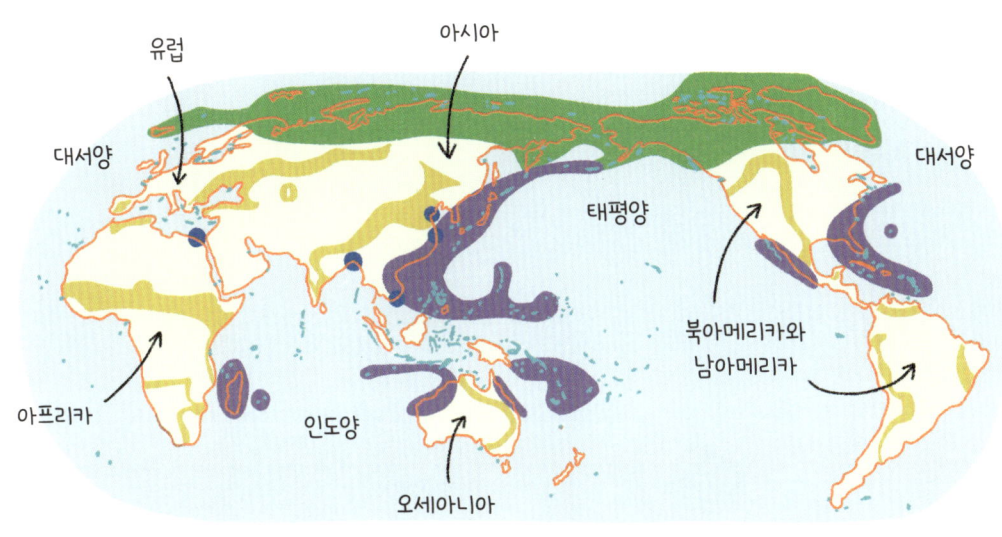

- 바다에 잠길 위험이 있는 해안 지역
- 물에 잠기기 쉬운 삼각주 지역
- 빙하와 영구 동토층이 녹아내리는 지역
- 잦은 태풍으로 위협받는 지역
- 바다에 잠길 위험이 있는 작은 섬들
- 사막화와 가뭄으로 위협받는 지역

정치인들은 기후 변화를 막을 방법들을 내놓곤 해.

우리 손으로 뽑은 정치인들이야말로 많은 것을 바꿀 수 있고, 우리가 사는 방식에도 영향을 미칠 수 있어. 정치인들은 무언가를 금지하거나 권장하는 법을 만들 수 있거든. 이를테면 플라스틱 빨대를 생산하거나 상점에서 비닐봉지를 무료로 나누어 주는 것도 막을 수 있어. 자전거 도로를 만들어 도시의 매연을 줄일 수도 있지.

기후 변화는 전 세계에서 일어나고 있어. 그래서 각 나라를 대표하는 정치인들이 해마다 한 번씩 만나 공동 대책을 세우지. 하지만 나라마다 처한 상황도 다르고 바라는 바도 달라서 합의에 이르긴 쉽지 않아.

2015년 195개국 대표들이 모여 지구 온난화에 강력하게 대처하기 위한
협약을 맺었어. 하지만 어떻게 목표를 이룰지는 각자 정하기로 했지.
다시 말해 온실가스 배출을 언제까지 얼마나 어떻게 줄일지는
각 나라에 맡긴 거야.

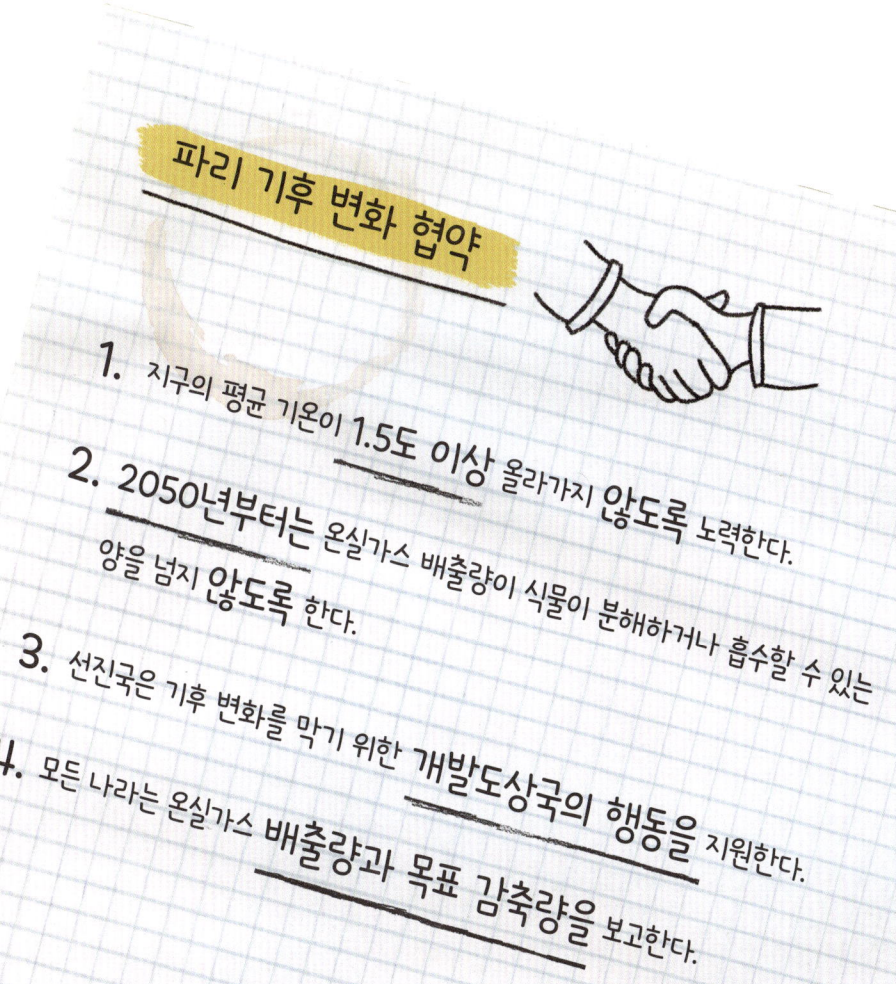

파리 기후 변화 협약

1. 지구의 평균 기온이 1.5도 이상 올라가지 않도록 노력한다.
2. 2050년부터는 온실가스 배출량이 식물이 분해하거나 흡수할 수 있는 양을 넘지 않도록 한다.
3. 선진국은 기후 변화를 막기 위한 개발도상국의 행동을 지원한다.
4. 모든 나라는 온실가스 배출량과 목표 감축량을 보고한다.

바람, 태양, 물로도 전기를 만들 수 있어.

자연의 힘으로 전기를 만들면 화석 연료를 태울 때와는 달리 이산화탄소가 배출되지 않아. 아주 좋은 대안이지!

풍력 발전기는 바람의 힘으로 풍차를 돌려서 전기를 만들어.

새들이 다치지 않았으면 좋겠어요!

석탄과 석유, 천연가스는 언젠가 사라져. 하지만 햇빛과 바람은 사라지지 않아. 우리가 아무리 많이 써도 말이야. 그래서 햇빛과 바람에서 얻는 에너지를 재생 에너지라고 불러.

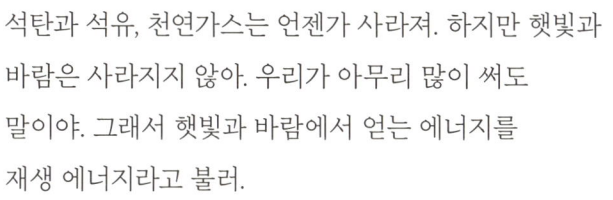

선진국에서는 원자력 발전소를 하나둘 줄여 가고 있어.

원자력이 기후에 더 좋아!

하지만 잘못되면 위험하잖아요!

예전에는 저기서 많은 사람들이 일했어.

독일에서는 더는 석탄을 캐지 않아. 2038년까지 석탄 화력 발전소도 모두 문을 닫기로 했대.

그분들이 풍력 발전기 만드는 일을 배울 수는 없을까요?

자동차도 환경친화적으로 바꿔야 해.

경유로 움직이는 자동차는 유해 물질이 특히 많이 나와서, 경유 자동차를 못 다니게 하는 도시도 있어. 하지만 그런 건 임시방편일 뿐이야. 공기가 더 깨끗해지려면 버스나 전철 같은 대중교통을 이용하는 사람들이 더 늘어나야 해.

대중교통을 이용하면 돈이 덜 든다고? 한번 타 봐야겠네!

그런데 버스나 전철, 자전거로 어디든 갈 수 있는 건 아니야. 사람들이 승용차를 타는 건 그래서야. 따라서 화석 연료 말고 다른 연료도 개발해야 해. 식물에서 바이오 연료를 뽑아낼 수 있지만, 문제가 좀 있어. 바이오 연료를 만들려면 유채나 옥수수, 밀을 대량으로 재배해야 하거든. 그러려면 수많은 동식물이 살아가는 숲과 들을 갈아엎어야 해.

연료가 필요 없는 자동차도 있어. 바로 전기차지. 전기차는
배터리로 움직여. 하지만 이산화탄소 배출량을 줄이려면 배터리를
충전할 때 쓰는 전기도 재생 에너지로 만들어야 해.
수소로 달리는 차도 있어. 수소를 전기로 바꾸는 거지. 하지만
아직은 천연가스로 수소를 만들어야 한다는 한계가 있어.

변화에는 돈이 필요해.

공장에서 나오는 유해 물질을 더 잘 걸러 내려면 새로운 정화 장치가 필요해.
하지만 돈을 들여 새로운 정화 장치를 마련하려는 기업은 그리 많지 않아.
기업은 되도록 적은 비용으로 제품을 만들어서 싼값에 많이 팔고 싶어 하거든.

한 기업이 일정 기간 동안 일정량의 온실가스를
배출할 권리를 '탄소 배출권'이라고 해. 기업은
정해진 양을 넘어서는 온실가스를 배출하면 안 돼.

이산화탄소를 정해진 양보다 많이 배출한 기업은 어떻게 되지?

국가

온실가스를 적게 배출한 기업은 남는 양을
다른 기업이나 탄소 배출권 거래소에 팔 수 있어.
그러면 온실가스를 적게 배출하는 동시에 돈도
벌 수 있지.

기업은 국가에 세금을 내. 국가는 이 세금으로 자전거 도로 같은 것을 만들 수 있지. 게다가 기업은 직원들에게 월급을 줘. 세금과 일자리 모두 매우 중요하기 때문에 정치인들은 기업을 많이 배려해. 예를 들면 최신 기술을 도입하려는 기업에 혜택을 주는 식으로 말이야.

정치인들이 하는 일이 너희들의 마음에 들지 않을 때도 많을 거야.

온실가스 배출량을 줄이려면 정치인들이 더 많은 일을 해야 한다고 생각할 테지. 어른들이 일으킨 기후 변화의 결과를 감당해야 하는 건 너희들이니까. 그래서 많은 어린이와 청소년들이 자신들의 생각을 알리려고 시위를 하곤 해.
지구가 얼마나 더 더워질지는 얼마나 빨리 온실가스 배출량을 줄이느냐에 달렸어. 기온이 1도만 올라도 자연에 얼마나 큰 영향을 미치는지 우리는 이미 알고 있어. 다음 150년 동안에는 어떤 일이 벌어질까? 기온이 1~2도만 올라도 엄청난 변화가 생기는데, 5도가 오르면 어떤 일이 벌어질지 짐작이 가지 않니? 빙하나 영구동토층은 기온이 조금만 더 올라가도 엄청나게 빠른 속도로 녹아내릴 거야.

과학자들은 기후 변화를 늦출 새로운 해결책을 찾으려고 노력해.
어떤 과학자들은 대기 중의 이산화탄소를
석탄으로 바꿀 방법을 연구하고 있어.

어떤 과학자들은 비행기로 에어로졸을
대기권으로 옮길 궁리를 하고 있어.
거대한 화산이 폭발했을 때처럼
에어로졸이 햇빛을 반사하도록 말이야.
하지만 이런 방법들이 실제로 효과가
있을지는 확실치 않아. 한 가지 분명한
건 우리가 온실가스를 그만 내보내야
한다는 거야.

우리가 하는 거의 모든 일은 조금씩 기후에 영향을 미쳐.

이건 좋은 소식이기도 하고, 나쁜 소식이기도 해. 우리들 각자가 어떻게 행동하느냐에 따라 지구 온난화가 빠르게 진행될 수도, 느리게 진행될 수도 있다는 뜻이니까.

사람이 기후에 미치는 영향은 생태 발자국으로 확인할 수 있어. 우리가 일상생활에서 소비하는 모든 것을 만드는 데는 비용이 들어가. 이 비용을 토지 면적으로 환산한 것이 생태 발자국이야. 여기엔 우리한테서 나온 쓰레기를 처리하는 비용도 들어가. 우리가 살아가면서 지구에 남기는 흔적이 바로 생태 발자국인 셈이지. 생태 발자국 지수가 높을수록 지구에 안 좋은 영향을 끼치고 있다는 뜻이야.

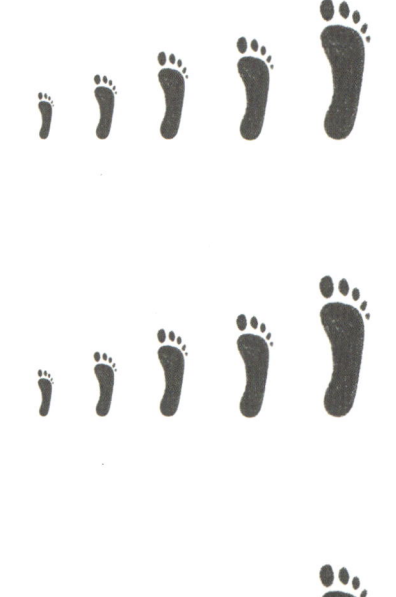

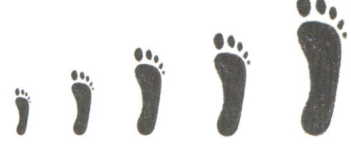

세상 모든 사람이 선진국 사람들처럼 살아간다면 지구가 몇 개라도 모자랄 거야. 걸핏하면 비행기를 타고, 철마다 새 옷을 사고, 날마다 고기를 먹는 건 지구가 감당할 수 있는 한계를 넘어서는 일이거든.

사람과 동물은 이산화탄소를 배출하고, 식물은 흡수해.

그런데 지구에 사람이 점점 많아지고 숲은 점점 줄어들면서 이런 순환의 균형이 깨지고 있어. 어떤 행동은 다른 행동보다 탄소 순환과 기후에 더 큰 영향을 끼치기도 해. 나무 한 그루는 평생 500킬로그램쯤 되는 이산화탄소를 흡수해. 하지만 사람이 그만한 양을 배출하는 데는 그리 오랜 시간이 걸리지 않아.

이산화탄소 일정량을 흡수하는데 1인당 나무가 몇 그루 필요한지를 그림으로 나타내면 다음과 같아.

독일 프랑크푸르트에서
미국 뉴욕까지의 비행

독일 베를린에서
프랑스 파리까지의 비행

1년간 전기 사용

1년간 자동차 운행

1주일간 크루즈 여행

1년간 먹은 동물성 식품과 식물성 식품

그럼 뉴욕에 사는 할머니한테도 가면 안 돼?

나무를 심는 여러 단체에 돈을 기부할 수도 있어. 그러면 탄소 순환의 균형을 회복하는 데 적게나마 보탬이 되지.

우리의 내일을 위해 온실가스 배출량을 줄이고 기후 변화를 막을 방법을 알려 줄게.

도시 곳곳에 자전거 도로와 인도를 마련하는 거야. 모두가 안전하고 즐겁게 자전거를 타거나 걸어 다닐 수 있게.

건물 옥상이나 지붕에 식물을 가꾸고, 빈 땅마다 과일과 채소를 심는 거야.

그러면 꿀벌 같은 곤충에게 서식지와 충분한 먹이를 내어 줄 수 있어.

집집마다 난방이 거의 필요 없을 만큼
단열을 잘하는 거야. 또 태양광 발전으로
집에서 필요한 전기를 만들고, 남는 전기는
전기 자동차에 쓰는 거지.

정말 꼭 필요한 물건만 사.

포장 쓰레기가 나오지 않도록 늘 장바구니를
챙겨 다니고, 되도록 지역에서 나는
농산물이나 제품을 써.

그래도 생겨나는
쓰레기는 새 제품을 만들거나
비료로 쓰거나 연료를 만드는 데 쓰는 거야.

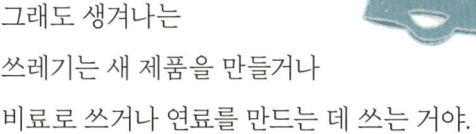